AF274824

LO
END
ÓGENO

**MARINA GARMENDIA
PUNTÉS**

Primera edición en Newcastle ediciones,
Julio 2025

© Marina Garmendia, 2025
ISBN: 979-13-990118-2-1
Depósito legal: MU 818-2025

Diseño y portada: Cristina Morano
Maquetación: María Cerón Madrigal

Impresión: Estugraf
Edita: Newcastle Ediciones
Calle San Nicolás 25, 3ºD
30153 Corvera (Murcia)
newcastleediciones@yahoo.com
www.newcastle-ediciones.tumblr.com

A mis padres.

Las palas en mis manos. La arena, dorada. El horizonte, cerca. Ni una mosca en esa playa del Bajo Llobregat. Un grito.

—¡Paquita!

Una zambullida. Pausa a la construcción de mi castillo. Unos minutos. El sol. Al fin, cuatro pies en la orilla: los del Papa y los tuyos. Habías nadado más allá de la boya. Sé que pensé: *querías* desaparecer.

Acabo de tomarme otro café, descafeinado corto con leche de avena. Evito sopesar si es peor la cafeína o el descafeinado (tal vez el descafeinado). Me he resistido a pedir un tercer cruasán porque me preocupa mi salud digestiva y tengo alguna cana visible. Sin embargo, en mi ascendencia destacan mujeres vitales: mi abuela paterna, de ciento tres años, nació tras tres abortos de su madre; mi abuela materna acaba de cumplir el siglo. Con mi compulsión por el azúcar refinado, ¿estaré poniendo a prueba mis genes para descubrir a quién tributan, si al cáncer o a la longevidad?

Días de bocadillos de fuet y magdalenas —no sólo trigo y gluten agresores, sino además terroríficos embutidos para el organismo—: la antítesis de lo frugal. Mañana es catorce de mayo, este año cae en viernes. Ante el ansia, me practico un enema con café no torrefacto, ecológico y de preferencia arábigo. También puede realizarse con una parte de agua de mar por tres de agua filtrada o de manantial envasada en vidrio, jamás del grifo ni embotellada —la del grifo envenena, el plástico de la otra desprende disruptores endocrinos. Una vez tengo el caldo a temperatura corporal, lo vuelco en la bolsa del irrigador y me lo introduzco por el ano a través de una pequeña cánula lubricada con aceite. El café en el colon multiplica por seiscientos la capacidad depurativa del hígado sin traspasar cafeína a la sangre. Permanezco entre nueve y quince minutos con el lenitivo dentro, masajeándome el abdomen. Viajo al fondo del océano. No tarda en molestar el retortijón y evacúo con gusto. Me veo ahí, acurrucada sobre una toalla húmeda en el suelo esperando el momento de verter la toxemia por el retrete, con un tubo fino de plástico ondulante

entre las piernas, y pienso: parezco un feto de vein-
tisiete años.

¿Murió ahogada o ya estaba muerta cuando se deshicieron de su cuerpo?

Se me ha cagado una paloma en las sábanas. Las meto en la lavadora y vuelvo a la mesa. Maldita Barcelona, estás eléctrica y hedionda. Me molestas, molestáis. Me muerdo la cola. Quiero más alfajores. El asunto es el siguiente: alguien mató a la Mama y he decidido reabrir el caso. En el año 2001 me dejé convencer. No vi el cadáver. Esa semana fui a clase todos los días. Alguien aprovechó para enmasillar sus recuerdos. Vació su armario, lo desmontó y lo cargó en una furgoneta. No cayó ni una lágrima en familia. Podrían haber actuado en connivencia. Alisto:

¿Telescopio?

Otto Heinrich Warburg, fisiólogo alemán y premio Nobel de medicina en 1931, descubrió que la célula cancerígena no respira oxígeno, sino que fermenta glucosa. Se alimenta de azúcar, hoy en día presente hasta en los espárragos de cualquier supermercado. Enfermar es un negocio. El asesinato de la Mama empezó con la revolución industrial; la contrarrevolución empezará en la boca. Si logro desapegarme del edulcorante, el caso se cierra.

Ante el malestar producido por la desintoxicación, conocido como reacción de Jarisch-Herxheimer, beber mucha agua pura de manantial y, sobre todo, Marina coño, no comer lo prohibido. Es crucial continuar y apegarse al régimen de suplementos.

Pasan nueve meses durante los que no escribo.

Me preparo desayunos exquisitos. Éste incluye aguacate laminado, jamón cocido en agua de mar y una infusión con leche de almendras. Sin embargo, sigo necesitando salir a la calle y tomarme un cortado. Que otras manos lo preparen mientras espero, tan solo pendiente de obtener. En los bares recobro el poder y parece que no tengo ansiedad. Mantengo viva mi relación con la Mama a través de mi presupuesto para cafés.

Nos bañamos juntas. Me agarras por las axilas. A la de tres, inspiro, retengo y hundo la coronilla. Voces de cetáceos por un instante. Vuelvo al mundo: tu cara en primer plano, nuestras pieles en salmuera. Me pongo alegre cuando me sumerjo.

SOSPECHOSOS

1. Federico, tío paterno I
2. Carmen, mujer de Federico
3. David, tío paterno II
4. Teresa, tía materna I
5. Jaime, tío materno II
6. Los oncólogos
7. Mercedes, abuela paterna
8. Paquita, abuela materna
9. Josefina, directora del colegio
10. Isabel, profesora de primaria
11. Sandrine, profesora de infantil
12. Lidia, vecina
13. Carmen, ex-vecina
14. Xavi, primo paterno I
15. Aitor, primo paterno II
16. Jaume, primo materno
17. Figurantes
18. Eduard, pediatra
19. Javier, gestor
20. Pepe, novio I
21. La señora de la sala de espera
22. El taxista
23. Los retretes
24. Verónica, canguro I

25. Laura, canguro II
26. Laura, canguro III
27. Carlos, compañero de clase
28. Su abrigo negro
29. Cristina, panadera
30. Cris, hija de la panadera
31. Telescopio, mascota I
32. El maletín
33. Elfi, mascota II
34. Las palomas
35. Los cocineros del hospital
36. Las arañas
37. Javi, monitor de comedor
38. Los hidratos de carbono, incluida la fructosa
39. Paula, compañera de clase
40. Marta, compañera de clase
41. Su espejo de mano
42. Su pelota de espuma
43. Los peluches
44. El ángel de la guarda
45. Las niñas con madre
46. Roland Barthes
47. El vademécum
48. Las grietas
49. Dumbo
50. El Papa

Telescopio tiene los ojos saltones y negros, dos cilindros atravesando su mini cráneo. Para respirar, abre y cierra la boca un par o tres de veces por segundo en un gesto de media luna invertida. Creo que quiere decirme algo. Me emboba la rapidez con la que detecta el polvo de gambas que le esparzo por la superficie. Huele mal, a halitosis, pero la avidez con la que lo aspira me provoca curiosidad por probarlo.

Toca limpiar la pecera. Me pongo al lado del fregadero con un pequeño colador entre las manos, bien sujeto. Es un colador naranja de unos ocho centímetros de diámetro con un mango de plástico. La Mama coge al pez haciendo un cuenco con los dedos y lo deja caer en él. No pesa ni lo que un caramelo. Luego vacía el agua y escurre las piedras decorativas. Lo miro de cerca. Se retuerce sobre la red metálica, jadeando en silencio. Quiero tocarle esa piel irisada, esas aletas mustias, pero no lo hago. Lo vuelco al agua y recupera su vaivén sinuoso. Después me encierro en mi cuarto.

Me acaba de salpicar la posibilidad de la pérdida por primera vez.

Apenas he dormido cuatro horas. Soñaba con un arma bajo la almohada. Por las noches me activo, típico síntoma de desarreglo suprarrenal. Me pregunto si todos fingen, fingís. No soy la única que sufre: la sola explicación que encuentro a que el mundo siga en pie es que la mayoría de occidentales esquiva el dolor. Viven aturdidos y medicados. Creen que la felicidad está en las bodas y en la simpatía de ascensor. Cobardes. Se os caerá la careta y no soportaréis el suplicio de vivir sin piel. Deseo presenciar ese espectáculo. Deseo esa separación, ese aborto, ese despido, me cuesta incluso ocultar la semi-sonrisa que se me dibuja cuando recibo alguna noticia del estilo. Os deseo el gran mal a todos. Me duele mucho. Tal vez no madure nunca.

Según John Bowlby, psicoanalista inglés, para que un individuo madure con un estilo de apego seguro y sus relaciones sean saludables y satisfactorias, precisa haber sentido durante su infancia que sus necesidades tanto físicas como emocionales fueron cubiertas en al menos un tercio de las ocasiones. De lo contrario, el individuo se desarrollará con un sistema nervioso en alerta, enzarzándose en la búsqueda viciosa de la seguridad que no obtuvo en su momento. Nada puede colmar esas necesidades narcisistas no satisfechas a tiempo, por lo que cavará aún más hondo su herida al frustrarse en la persecución fútil de lo que cree que son sus objetivos. Es un milagro que, tras la colosal inversión de energía que acarrea darse de bruces una y otra vez con el abandono de siempre, el individuo logre por sí mismo alumbrar la calidez necesaria para sentirse al fin autónomo, vital y conectado al mundo al que fue escupido.

PURGAS INTESTINALES

— Sales de Epsom: de una a cuatro cucharaditas de sulfato de magnesio diluidas en uno o dos vasos de agua en ayunas. Buscar la dosis que provoque diarreas, empezar por la dosis mínima e ir subiendo. Saben mal y dejan el ano escocido.

— Variante de la anterior: de dos a tres cucharaditas colmadas de sal o bicarbonato de sodio sin aluminio diluidas en un litro de agua templada. Beber con rapidez. Si no hace efecto, pueden añadirse dos cucharaditas de hierba de trigo o cebada en ayunas. También unas gotitas de limón, para suavizar el sabor. No se tomarán más sales ni bicarbonato ese día. Las primeras veces pueden notarse movimientos más fuertes y hormigueo generalizado por el cuerpo. Empezar con una dosis de dos cucharaditas para probar el efecto. Buscar la dosis que provoque diarreas, empezar por la dosis mínima e ir subiendo. Los yoguis lo practicaban hace siglos. Sin microscopios, encontraron el Origen: la flora bacteriana.

— Aceite de ricino: de una a tres cucharadas soperas en un tercio de vaso de agua tibia en ayunas o antes de acostarse. Puede mezclarse con zumo de pomelo, siempre que no se padezca sobrecrecimiento de hongos o parásitos, en cuyo caso hay que restringir la fruta, sobre todo licuada. Buscar la dosis que provoque diarreas, empezar por la dosis mínima e ir subiendo. Este método no lo he probado.

— Enema de entre uno y tres litros de agua de mar diluida o café o de un litro de agua con dos o tres cucharadas soperas de bicarbonato de sodio sin aluminio. Puede aumentarse la proporción. Mi favorita.

— Pastillas Oxy-Powder: seis cápsulas con un gran vaso de agua antes de dormir. Si no se evacúa al día siguiente con al menos tres o cuatro deposiciones, repetir de nuevo y tomar ocho cápsulas antes de dormir. Se puede aumentar la dosis con dos cápsulas al día hasta que se consiga la limpieza. Se practica cada dos semanas.

— Hidroterapia de colon en centros especializados. Conviene realizarla con el tracto vacío, gracias a un previo enema en casa. Es la opción más cara, práctica y elegante, y también la única que se realiza en compañía.

Ingiero por costumbre, por entretenimiento, por aburrimiento, por dejadez, por dolerme, por mancharme, por irritarme, por joderme, por envenenarme, por aislarme, por desconectarme, por odiarme, por callarme, por asquearme, por anularme, por incendiarme, por aniquilarme, por destrozarme, por lamentarme, por dormirme, por anestesiarme, por vengarme, por retorcerme, por paralizarme, por enterrarme, por aplastarme, por minimizarme, por desenchufarme, por ridiculizarme, por humillarme, por abofetearme, por arrinconarme, por esconderme, por castigarme, por abuchearme, por no llorar, por no gritar, por no sudar, por no hacer daño, por acusarme, por abandonarme, por ensuciarme, por encerrarme, por rociarme con matarratas, por pincharme brochetas, por partirme el cráneo, por coserme los huesos, por amasarme los cuádriceps, por agujerearme los nudillos, por depilarme el escroto, por laminarme los párpados, por arrastrarme sobre asfalto, por despegarme del hielo, por empujarme al barro, por apalearme con mangueras. Escribo por las mismas razones.

Me cago encima pero el baño de esta cafetería está impracticable. He soñado con mi propio cadáver, tendido en mi parque de infancia, con un balazo entre las cejas del que salía reptando un gusano. Me contemplaba a mí misma: una Marina de pie y otra horizontal.

Necesito cagar. Dado que tiendo a retenerlas y, con probabilidad, a reabsorberlas, me enfada perder cualquier ocasión de eliminar toxinas de mi cuerpo. Odio evacuar cuando tengo la regla; me fastidia tener un cuerpo. Pido otro café, obviando los cruasanes. En realidad no tengo hambre. Esta mañana me he encontrado a mis tíos por la calle. Es domingo, paseaban. He intentado esquivarles, sin éxito. He soportado un intercambio banal de preguntas sin sentido. ¿Cómo va a estar todo bien?

Muchísimo más recomendable comer en casa, prohibiría la restauración. Pero yo en casa no sé estar. No quiero. Hay un muerto. ¿Qué como? Tsunami de distracciones ante el que no opongo resistencia. Aquí no puedo pensar, tengo que salir. Me da igual el sol. No sé qué quiero. Quiero follar pero que nadie me recuerde. Quiero que todos me recuerden pero que ninguno me toque. Quiero dormir pero trabajar más. Quiero pasear tranquila pero es imposible. Alguien aparece para tocarme los cojones. Quisiera no fingir pero finjo que sé lo que hago con mi vida. No es un puñal, es una aguja.

Recuerdo el peinado que llevaba ese lunes: un par de coletas bajas anudadas con gomas rosas muy finas de las que colgaban sendos corazones de plástico cutre. Carlos, un niño de la escuela, me había dicho en el patio que me quedaban muy bien. Imbécil.

Primer día agradable de invierno en que se puede pasear después de las diez. De camino al piso, algo llama mi atención en la acera de enfrente: una paloma. Me acerco, no se mueve. Apenas levanta su cuerpo ovalado y se arrastra unos centímetros hacia la pared. Está herida. Entiendo que se acurruca para morir, así que busco algún teléfono de rescate animal. Doy con un par de veterinarios de urgencias y asociaciones de protección de fauna salvaje, nada para socorrer a las palomas urbanas. Arranco a llorar. No sé qué hacer con el bicho. Si la toco, tal vez me infecte. No puedo dormir en casa sabiendo que ella estará aquí, perdiendo sangre, con frío hasta su último aliento, como un pez jadeando en seco. Doy unas vueltas a la manzana llorando todavía más. Estrujo la botella de plástico que llevo en la mano y la lanzo al contenedor amarillo. Pienso: al menos la Mama no dejó residuos digitales. Ahí sigue. Despacio, voltea su nuca. Pregunto a una conocida que está metida en activismo vegano. No contesta, joder, ni está en línea. Ya no puedo ni acercarme al animal. Lo observo de lejos. Lo maldigo. Abro el portal y me lavo las manos antes de acostarme.

Tengo más días que plumas.

Llevo más de una hora perdiendo el tiempo. Primero, con un alfajor. Luego con el móvil. No quiero escribir. Lenta y caótica, joder. ¿Por qué no paro y elaboro un mapa de ruta? Esto me digo desde hace una década. Cuando las cosas se planean con los pasos a seguir, aunque el mapa no sea el territorio, se es más eficiente y se trabaja con mayor confianza y concentración. No quiero que el día arranque, quiero quedarme pausada en este rincón y poner mi vida en orden antes de que continúe.

Sobre mi regazo las migas del otro alfajor. En esta mesa ni comida ni llanto, coño.

— Interrogar a cada uno de los miembros de mi familia por separado.

— Interrogar al personal satélite del asesinato.

— Visitar el cementerio, medir la profundidad de sus muros y averiguar si archivan cadáveres.

— Alquilar un trastero.

— Rastrear el recorrido del contenedor de Cáritas. Recuperar su ropa.

— Agendar una mamografía anual.

— Localizar el laboratorio de la quimioterapia que le aplicaron y quemarlo.

— Digitalizar los VHS con la voz de la Mama. Discriminar qué vecinos la reconocen. Colocar micrófonos en casa de los que mientan.

— Buscar huellas en las aristas de las páginas de las enciclopedias de medicina.

— Averiguar qué menús consumió la Mama durante sus estancias hospitalarias. Pintar con grafiti en las puertas: LAS HARINAS REFINADAS, EL AZÚCAR, LOS LÁCTEOS DE VACA, LOS PESTICIDAS Y LA SOJA MATAN. DEJAD DE DAR PAN DE TRIGO A LOS PACIENTES. Mear sobre las bandejas.

— Viajar a Varanasi.

— Encontrar al o a los asesinos e inyectarles silicona en la yugular. Depositar las jeringuillas en su contenedor específico. Llevar siempre guantes.

— Escribirlo todo.

Me resisto a la escritura porque:

— Escribir es renunciar, delimitarme, y no me gusta la reputación de los escritores. Considero sumamente mejor ser médico o bailarina de ballet. Sin embargo, escribiendo he aprendido que lo que necesita adverbios es mentira.

— Escribir implica instalarme, permanecer en un mismo lugar durante al menos media hora seguida al día. Ese lugar es mi casa ("La ceremonia [...] protege como una casa: algo que permite habitar el sentimiento. Ejemplo: el duelo." Barthes, 2004).. Y no sé dónde está.

— Escribir exige leer mucho y no me caben más palabras en la cabeza. Estoy espesa y echo humo, como una olla de bruja.

— Dudo de que al escribir descubra nada nuevo.

— Escribiendo estoy al descubierto.

Tomo un café aguado en una cafetería industrial y reviso los avances del día anterior. ¿Hoy es jueves? Pido un cruasán y un bocadillo de pollo rebozado. La cándida en mi cuerpo empezará a propagarse, alimentada por estas levaduras putrefactas, y generará un diluvio interno de ácido tartárico y demás toxinas. Pero me hago la loca. Cuando empiezo a sentir que las piezas encajan y que la ciudad puede llegar a ser interesante es cuando me apetece derribar el exiguo triunfo de que mis intestinos hayan empezado a cicatrizar. Me niego toda posibilidad de digestión a la mínima: con una pizca de entusiasmo en el cuerpo, tolero los venenos. No soy un ser poroso, me repito. Se convertirán en flatulencias.

Ayer encontré las alianzas. Acudí al domicilio familiar a escondidas y hurgué en su maletín de médico. Lo abrí con guantes porque el cuero empieza a resquebrajarse, suelta una lluvia fina en el aire. Fotografié cada uno de los objetos: un bolígrafo con linterna, una libreta de recetas, el tampón con su nombre y número de colegiada[1] y unos recambios de otoscopio.

---

1 Francesca Puntés Bruns 08-29792 Medicina general.

En el centro, como una perla: la cajita azul. Comprobé la medida de los dedos de la Mama al inserirme su anillo en mi anular enfundado en látex. Los tengo más finos, me bailaba un par de milímetros. Con esos dedos jugamos a acariciarnos las patillas como si fueran algas. Tomé huellas dactilares y lo inspeccioné con lupa. Aparte de la inscripción con nombre y fecha, nada. Tampoco en ninguno de los recovecos de la caja, ni siquiera debajo de la espuma.

El Papa se convierte en principal sospechoso.

A pesar de la impertinencia de la camarera, que me enseña una foto de su hija porque le recuerdo a ella, el bocadillo de longaniza que me sirve está delicioso: pan calentito, crujiente por fuera y sedoso por dentro; pareciera que mi lengua acariciara el cuello de un gato. Cuando la Mama estaba enferma en casa, en cama todo el día, me pedía que le desmigajara la parte blanda del pan en un plato. Era su tentempié favorito.

Pido que a los hospitalizados no se les sirva gluten.

RECUERDOS

He trazado la lista de los recuerdos que tengo de
la Mama, distinguiendo dos líneas de investigación:
por un lado, las pistas que puedo sacar de mis inte-
racciones con ella; por el otro, las que deduzco de la
infraestructura externa a nuestra intimidad. Por orden cronológico:

— Me recoge a la salida del colegio el día de carnaval y paseamos hasta la casa de la abuela. Ese día voy disfrazada con una falda negra en la cabeza que simula una melena Disney. La Mama lleva un pañuelo en la calva. Solíamos visitar a la yaya a menudo. La Mama insistía preocupada en que afrontara una operación de cataratas.

— Organizo un espectáculo de danza en el salón de casa. Aparto los muebles para delimitar el escenario. El Papa se sienta en el reposabrazos del sofá, la Mama en el otro extremo.

— La visito por primera vez en el hospital tras los meses de verano que hemos pasado separadas. Me cuentan que se cayó por unas escaleras —en realidad la embistió un coche de frente por la autopista. Eso fue antes del cáncer, yo tenía tres años. Lo que hago al llegar a su habitación es enfundarme bajo las sábanas y echarme una siesta a su lado. La familia comenta:

—¿Tanto tiempo sin ver a tu madre y te pones a dormir?

No entienden de mamíferos.

— Por fin visitamos a la Mama. Es una habitación bonita con unas ventanas altas por las que entra bastante luz. La Mama me pide que suba a la cama y acerque mi oreja a sus labios para contarme un secreto: resulta que esta noche, mientras el mundo dormía, las hadas han traído un regalo para mí. Es un frasco de vidrio con gel de purpurina turquesa.

— Vomito unas albóndigas que la abuela ha preparado para comer. El Papa se queja mientras la Mama me limpia. Me sube a su regazo y me chafa la carne antes de introducírmela en la boca. Vuelvo a vomitar. La Mama me vuelve a limpiar, el Papa vocifera y la abuela observa en silencio.

— Como cada vez tiene la barriga más hinchada por los pinchazos de quimioterapia, me creo que viene un hermanito en camino. Se lo cuento a la profesora de inglés. Agrego a la lista de sospechosos a cada uno de los miembros del equipo pedagógico de primero de primaria, así como a los progenitores de mis compañeros de clase, ¡inútiles!

— Le entrego un par de dibujos en el hospital. Los cuelga en el cabezal de su cama. ¿Por qué los tiré al contenedor de papel? Me anoto también en la lista.

— Visitamos a la Mama en el hospital después del colegio. No quiero subirme al taxi. La yaya Paquita me tira de la mochila para que suba al vehículo. No quiero y berreo y grito y me sacudo.

—La Mama solía vestir faldas y pendientes largos (he olvidado su olor).

— La sueño dos veces: la primera, resucita en un prado nublado; la segunda, aparece con su bata de médico en un sótano concurrido, fumando, y me dice que nunca murió, que huyó bien lejos a perseguir su carrera.

No me desprendo del deseo de tragedia ajena.

Martes tarde. No hay faena. Relleno la nevera con *kombuchas* del almacén, apiladas en enjambre. El cadáver de la Mama está encerrado en un hueco del cementerio de Viladecans. El Papa mencionó que se trataba de un simbólico saco de huesos —o esto respondió cuando le pregunté cómo podían caber varios prismas de madera de una misma familia en unos rectángulos tan exiguos. ¿Hay alguien que se dedica a retirar ataúdes antiguos a medida que fallece otro miembro de un mismo clan? ¿Dónde están si no los muertos de dos siglos atrás? ¿Incinerados? ¿Sedimentados, bajo los árboles? ¿O es que la profundidad de los muros de los cementerios municipales del Bajo Llobregat engaña a la percepción de mis ojos? ¿Tengo cataratas? ¿O existen sótanos para archivar ataúdes, como en las bibliotecas nacionales? Todo esto refuerza mis sospechas acerca de por qué no vi su cuerpo. Cierro la nevera y lanzo la hipótesis:

La teoría de Bowlby desgrana cuatro estilos de apego: seguro, ansioso, evitativo y desorganizado. El apego evitativo y el apego ansioso son dos caras de la misma moneda. Ambos son estrategias de aislamiento por temor a la intimidad. El evitativo se aísla y el ansioso maquilla el miedo a la relación con atosigamiento de la presa —que acaba huyendo, claro. La soledad les protege.

¿Podré descansar en el contacto?

LA DIETA PERFECTA

Basándonos en la hora solar (Viladecans: latitud 41.3167; longitud 2), la propuesta de alimentación de transición hacia y mantenimiento de la salud consiste en:

— Beber agua o caldo con proteína (de huesos de pasto ecológico, por ejemplo), preferiblemente caliente, entre las cinco y las siete de la mañana, para favorecer el movimiento intestinal y la evacuación.

— Desayunar proteína entre las siete y las nueve de la mañana.

— Ayunar entre las nueve y las once de la mañana. Buen momento para el ejercicio si se practica de mañanas.

— Comer entre las once y la una, una o dos veces en función del caso. Si se opta por hacer dos comidas, repartirlas del siguiente modo: una a las once y otra a la una menos cuarto, dejando tiempo entre ellas para la digestión, y equilibrar las combinaciones y cantidades de cada plato.

— Ayunar entre la una y las tres de la tarde.

— Entre las tres y las cinco es la hora punta de la eficacia del aparato depurativo. De ahí la hora del té inglesa —aunque el té no sea aconsejable, menos aún las galletas. Facilitar dicha función bebiendo agua. A las cinco menos cuarto, cenar ligeramente.

— Entre las cinco y las siete, ayunar. Buen momento para el movimiento ligero del cuerpo o el trabajo intelectual.

— Entre las siete y las nueve, seguir ayunando. Si se tiene hambre o sed, tomar agua o una infusión de estevia, no más tarde de las ocho. Es la hora de activación del pericardio: momento adecuado para la actividad sexual.

— Entre las nueve y las cinco de la mañana, ayunar, reposar. Si no se concilia el sueño, mantenerse en posición tumbada lo más a oscuras y en silencio posible. La regulación circadiana es una de las mejores prevenciones del cáncer.

LA DIETA PERFECTA

MAMA

Te he visto en el metro. Estatura media, cadera ensanchada por más de cinco décadas y algún parto, piernas robustas y tez fina como la nata que cristaliza sobre la leche sin remover. Estabas sentada en el rabillo de mi ojo. Me he volteado, de pie, agarrada a la barra de acero, para observarte con mejor ángulo y discreción. Lo que más me ha llamado la atención ha sido tu aplomo, sin duda: la facilidad con la que desprendes ese halo de protección gratuita —por la forma de tus muslos, o de tus codos, yo qué sé. He pensado en abalanzarme sobre tu regazo. Ha llegado tu parada y te has levantado. Has pasado a mi lado. Tu olor a pétalos tenues, casi cerca, ha devuelto la pulsión de venganza al cuerpo que me sobrevive.

Exceptuando casos graves o específicos, no comer si no hay hambre —experimentar con otras cantidades y/o combinaciones en los siguientes menús para comprobar si varía la sensación de saciedad. Si no hay hambre por la tarde, hacer las dos o tres comidas de la mañana; si sí se cena, no hace falta duplicar la comida del mediodía. Máximo tres digestiones diarias. Lavar siempre con agua bien caliente y manos limpias las verduras. Superar los antojos con estevia infusionada. Ningún suplemento se requiere ni se recomienda, a excepción puntual de la melatonina pura.

Escribir es sostener, incubar, cocer, mantener, alentar, mimar, creer, ofrecer, preparar, vigilar, guisar, proteger, resguardar, infusionar, nutrir, abrigar, gestar. Saber, tener fe. Escribir no muere.

Pesco otro recuerdo: imitando el vaivén de los peces, caigo al estanque de enfrente de casa. El Papa y la Mama me socorren en brazos. En el ascensor, reímos por el mal olor que me ha impregnado. Me encestan directa en la bañera.

A la mañana siguiente, ningún rastro: ni paloma, ni sangre, ni huellas. La gente camina hacia sus quehaceres como de costumbre. ¿Quién ha limpiado esta esquina antes de que saliera el sol? ¿Quién no llora?

Sabe que ando al acecho.

De *La enfermedad y sus metáforas*, de Susan Sontag, subrayo:

— "[...] los propensos al cáncer no son lo bastante sensuales ni están suficientemente en contacto con su propia ira."

— "El punto de vista romántico es que la enfermedad exacerba la conciencia."

Leo el libro con guantes, para que no recuerde mis pisadas.

La tabla de heces de Bristol establece siete distinciones según las cuales podemos analizar nuestro estado de salud. Cabe recordar que en la antigüedad los medios de diagnóstico eran visuales, olfativos y gustativos. El excremento óptimo no huele ni contiene materia putrefacta al haber permanecido el tiempo justo en el tubo digestivo. El individuo sano defeca unas dos o tres veces al día, una por comida, con textura y color adecuados —hay quienes defecan tanto, pero en reacción alérgica a lo ingerido; es raro dar con especímenes representativos de salud verdadera. Por otro lado, se han encontrado restos de heces de ocho mil años de antigüedad en Turquía. Ya contenían parásitos.

ESCALA DE HECES DE BRISTOL

— Estreñimiento:
   — Tipo 1: trozos duros separados, que caen con dificultad.
   — Tipo 2: salchicha fragmentada.

— Pseudo-salud:
   — Tipo 3: salchicha con grietas.
   — Tipo 4: salchicha lisa y blanda.

— Diarrea:
   — Tipo 5: trozos de masa pastosa con bordes definidos, defecados con facilidad.
   — Tipo 6: fragmentos blandos y esponjosos con bordes irregulares y consistencia pastosa.
   — Tipo 7: acuosa, sin pedazos sólidos.

Sueño con larvas. Larvas muy pequeñas esparcidas por mi cama, con forma de corazones blancos. También unas larvas que se incrustan en los poros del reverso de mis manos. ¡Pinchan!

Pienso a menudo si la escritura del duelo es narcisista. Me he dado cuenta de que me resulta más fácil convivir con el dolor aferrándome a él que atravesándolo. Ante la puerta hacia la vida, encuentro un erizo que sortear cada vez.

Quien diga que lo íntimo es narcisista sigue en la inopia. Lo único interesante es lo que se mira de cerca el tiempo suficiente, lo que se puede mecer. La hoja que el rayo prende a través de la lupa bajo el sol.

El armario de la Mama olía a campo, lleno de faldas, estampados y sombreros. Le gustaba esquiar y tenía un par de trajes de nieve, uno blanco y uno rojo. Varios chalecos y vestidos. Una colección de fulares. Entre ellos, un pañuelo sedoso con bugambilias que lucí hasta que lo perdí, me parece que en un tren. Una tarde quise ordenarle el joyero y no le gustó que clasificase sus pendientes según color y tamaño. Ella no era rígida, tal vez no nos hubiéramos caído bien y mi furia hubiera existido igual, aunque al menos habría tenido un blanco, un cuerpo delimitado contra el que darme forma.

Esta tristeza ya no tiene ningún sentido, basta.

Vuelvo al despacho de mi colchón. Desde aquí el mundo existe un poco menos. He cenado un yogur con un par de cucharadas de azúcar de abedul. Antes, al ducharme, me he mirado los pechos borrosos en el vaho. Son hermosos, en mis tetas resiste algo. Las palpo. Hoy no estoy bien. Me parece que no conseguiré que la vida vuelva a parecerme un lugar seguro. Me siento como un tetrabrik en el fondo del mar.

Me concibo como un ser poroso, una esponja: me sorprendo ante la tranquilidad con la que la farmacéutica me cuenta que los hongos son fáciles de eliminar, que basta con una pomada. No acepto la desenvoltura que inunda la vida allí donde la miro: ¿de verdad vivís sin miedo? ¿O lo preferís a la verdad? Deshacerse de unos hongos cutáneos no es obvio porque se originan en las fisuras de las paredes intestinales, barrenadas por millares de bacterias fuera de lugar. Habría que vomitar la comida de varias décadas, habría que vomitar la comida de las décadas previas a nuestra concepción, habría que viajar a la Edad Media para optar a curar esos hongos de raíz. La especie entera se debilita por cada madre con candidiasis. Perdonad pero las cosas no me parecen tan sencillas; quien quiera cegarse con el velo de las industrias, allá él.

Tengo tres o cuatro años. Estoy con la Mama en su habitación, sobre la cama, ella estirada boca arriba y yo sentada sobre su estómago. Jugamos con las manos. Agarro un cojín y lo aprieto contra su cara. Aprieto más. Alargo un par de segundos el límite de hacerle daño.

Desde los dieciocho años procuro no mezclar comida sólida con líquida. Me levanto a preparar un café con bebida vegetal —quisiera abandonar los lácteos, al menos en casa. Me preocupa mi microbiota. Debo cuidarla, debemos: la inflamación constante y generalizada en el organismo, producida por la permeabilidad de los intestinos a su vez derivada de una mala alimentación, es el origen oculto de casi todas las enfermedades. El noventa y nueve por ciento de lo que venden en supermercados y farmacias inflama. Hace tiempo que vivo sin energía, así que a los veinte empecé a sospechar que mis intestinos se habían permeabilizado. Me lo confirmó el análisis microscópico de sangre que me realizó la nutricionista y bióloga molecular Rosa López. Encontró grasas sin digerir en mis venas, en consecuencia de las cuales mi sistema se irrita y enlentece, como lo haría frente a intrusos víricos. Existe solución: dejar de manducar agentes agresores —gluten, azúcar, lácteos, procesados, aceites de semillas, maíz y soja— para que la flora tapie sus microfisuras y recupere su equilibrio. Café y té también a evitar, un mal menor si se toman manchados con leche —si es de coco o frutos secos, mejor. La achicoria u otros cereales de moda sustitutos del aguachirle son otra falacia publicitaria y no encajan con una dieta cetogénica, recomendada como prevención y tratamiento del cáncer —dieta que, desinflamación a parte, promete flexibilidad metabólica y pérdida de grasa en tiempo récord.

Lo que trato de defender con todo esto es que existe una manera de domesticar la enfermedad. Solo tengo que hacerme con ella, a base de inteligencia y empeño.

Alguien con un estilo de apego ansioso suele encontrar atractivas a las personas con un estilo de apego evitativo, y viceversa. Son peces que se muerden la cola formando un pez que se muerde la cola.

Sobreviven algunas tribus indígenas cuyos miembros han crecido a base de leche materna, bayas salvajes y carne sin pesticidas. Así como los indios no reconocieron los barcos de Colón en el horizonte de sus playas, sus ojos no registrarían un Kinder Bueno. Sus microbiotas son sanas y robustas. No tienen caries. Se suben a los árboles sin jadeo.

El cerrojo vence y abro la puerta. Aunque ya no vivo aquí, conservo mi juego de llaves. Huele al sudor del Papa y a sus ropas sin lavar que usa demasiados días seguidos. Todo aparenta estar limpio, pero es mentira. Los muebles viejos y los tiradores de la cocina están grasientos, de una grasa fósil que no alcanzaría a desincrustar ni una espina. Los estantes superiores yacen inundados de polvo. Sus motas circulan en el aire y palian el vacío. La calefacción es otro muerto en vías de petrificación: funciona, pero se niega a usarla por autarquía. Las llaves de los radiadores están cerradas. En cierto modo la casa donde crecí es una especie de esqueleto de ballena, amplia de lado a lado y de arriba a abajo —y punto. Antes de marcharme hice un intento de revitalización pintando las paredes de blanco; me equivoqué en la elección de la muestra de pintura y acabó siendo un blanco roto teñido de verde caqui. Aproveché unos días en que el Papa se había ido de viaje para tirar objetos y muebles. Es un ser peligroso. Ni lo he visto llorar, ni tampoco reír. Se fosilizó con la ballena y se instaló en su vientre hueco como en un palacio hecho a medida. Desconozco si los cetáceos tienen ano, pero de ese palacio me fui retirando lenta y sigilosamente, hasta escapar por un agujero pequeño del fondo de la estancia.

Hoy he venido a recoger unos libros que guardaba aquí, en mi habitación, y lo he hecho en las horas en que sé que él no está. Luego he rociado las esquinas del vestíbulo con orina atomizada.

Si fuiste tú, si fuiste tú quien mató a la Mama, óyeme bien: te reduciré a cenizas que esparciré por encima de los muebles moribundos que te han soportado, y luego quemaré este esqueleto entero para que ni Dios te distinga entre los escombros de la casa que convertiste en ataúd.

¿Escribo porque es lo único que sé hacer sin consecuencias? ¿Con lo que no me resulto tan mediocre?

Pero, ¿quiero escribir?

Mis palabras son un desecho (¿mis?, ¿son mías?).

Escribo porque necesito tener algo bajo control.

¿Cuándo salió el sol por primera vez? ¿Pueden dos hombres enamorarse? ¿Cómo se lava una sepia? ¿Cómo se pone un tampón? ¿Cómo se saca una espinilla? ¿Cómo se maneja un pene? ¿Cómo se lee una nómina? ¿Cómo se calculan los días fértiles? El inconsciente, ¿dónde vive? ¿Por qué dicen que sube la leche del primer sorbo? ¿De dónde sube? ¿De qué ombligo?

Su impronta es invención, lecturas o Internet. Para erguir mis pilares, he fagocitado a un fantasma.

Ayuno. Nada de hambre.

El vínculo más fiable que mantengo es con los cruasanes. He devorado uno esta mañana. Cuando lo hago destruyo por completo el hambre que aspiraba a sentir durante el resto del día. Callo mi cuerpo de un portazo. Tardo unas horas en arrepentirme, pero siempre vuelve el momento en el que me odio por envenenarme, por torturarme de esta manera en la que gramo a gramo voy perdiendo la apetencia por la comida, el aire, el sol y el resto de cuerpos vivos.

Pasaría el día sin comer nada más. No me cabe. Pero una no puede vivir a base de cruasanes y cafés. Ceno algo sin hambre adaptándome a las ingestas socialmente establecidas. Según el día y mi tolerancia a la imperfección, me preparo unos platos más o menos saludables. Compruebo en mis carnes lo que Arnold Ehret aseveró dos siglos atrás:

—La existencia humana es una tragedia de la nutrición.

La fui a ver al salir del colegio y me traje los deberes para hacerlos a su lado, debía ser un día laborable. Conservo una imagen de aquella tarde: frente a la butaca de la sala de espera en la que yo me hundía, mi tía se ajustaba las gafas, custodiada por una máquina expendedora de refrescos, tentempiés y otros venenos. En su regazo un tablero de batalla naval, al que he renunciado a jugar. Por qué no puedo estar con la Mama. Qué le están haciendo Con su cuello tan hinchado, mi tía parece un pez globo. No sabe hacer otra cosa que quedarse en el sofá jugando contra sí misma. Los demás han salido a fumar (los Garmendia no solucionan, fuman). O yo qué sé. Pero no están aquí conmigo, ni con ella, que qué le están haciendo.

De ese día no cuento con más detalles. Diría que fue la última vez que pisé el hospital. Volví a casa sin despedirme. En otra visita le había entregado un dibujo de una naranja para que custodiara el cabezal de su cama, para que no fuera tan blanco. Pasaron unos días normales, yo iba a clase, regresaba por la tarde, hacía los deberes, cenaba y me acostaba. Uno de esos días el Papa me dijo por teléfono que no podía hablar la Mama porque dormía desde anteayer. El lunes siguiente vino a recogerme a la parada del autobús. Tras despedirnos de la familia Muns, que había insistido en acompañarnos durante el paseo de vuelta, pregunté:

—¿Y la Mama? ¿Cómo está? ¿Está embarazada? ¿Está muerta?

—Marina, la Mama ha muerto.

Me cogió en brazos y recorrimos el resto de la calle colindante a la biblioteca hasta llegar a casa. Lo primero que hice fue dibujar unas montañas con flores, una luna, un sol y una nube sobre la que la Mama flotaba, alzando la mano y con un bocadillo que contenía las palabras:

—¡No te olvidaré, Marina!

—Yo un poco.

Confieso que no estoy segura de lo que recuerdo.

He comprado un par de alfajores de dulce de leche. Están en el cajón; sé que me apetecerán más tarde aunque eso provoque que mañana despierte sin hambre. El viento lija los muros de la ciudad. Enciendo la lámpara de mi mesa. Oriento su cabezal hacia la pared. Hace frío en este cuarto de vecinos impertinentes. Varios bebés braman por el patio de luces. Abro el cajón y a mi pesar degluto uno de los alfajores. Me tiro un pedo.

Dice la teoría de Bowlby que el individuo desarrolla un estilo de apego ansioso a raíz de experimentar abandono en la infancia. En cambio, la herida originaria del apego evitativo es la del rechazo. Pueden coexistir ambas en un mismo sujeto, que desarrolla entonces lo que se denomina apego mixto. En este caso el individuo no sabe ni esconderse ni relacionarse. Es un pez dentro de un bloque de hielo.

La asociación del gluten con el bienestar es literalmente preverbal; no hay palabras que la elaboren.

Me rindo a la escritura porque:

—Es el camino en el que por ahora más he insistido, y ya basta de infravalorar mis esfuerzos creativos. Parece que los procesos me produzcan alergia, como si hasta cierto punto prefiriera la idea del libro al libro terminado. Mantengo las ideas en una incubadora, que desenchufo. Hay algo de morir en concretar una forma, un deceso en decidir —pero si dejo el libro a medias, muero yo. "Curar la herida significa poner fin a una identidad.", Jeanette Winterson.

— Escribir requiere: escritura, lectura, silencio y cuerpo.

—Cuando no escribo me pongo triste, ¿no escribir es abandonarme?

— Ando el puente del sufrimiento a la ternura. Escribir es romper aguas.

— La escritura está siempre en proceso; no se hace, se pesca.

— Si persisto y profundizo, tal vez vuelva a sor-
prenderme.

Lloro escribiendo. Es la primera vez. Acabo de zamparme un alfajor, un Happy Hippo y, además, he comprado un par de yogures sin azúcar, a los que añadiré cucharadas de xilitol, sustituto pseudo-saludable proveniente de la corteza del abedul. Me gusta su textura arenosa en el lácteo. Ya me arrepiento. Mi barriga ruge. Se queja, la castigo. Cállate. En fin. Consumo con ansias y sin masticar, como quien folla en treinta segundos.

Ayer, antes de caer dormida, me aguijoneó el recuerdo de esa escena del *Dumbo* de Disney: cuando es encarcelada, la mamá elefante alarga la trompa por entre los barrotes para mecer a su cría unos instantes al son de una nana.

Antes de todo, antes de que la Mama pisara el primer hospital, sabía que algo malo iba a pasar. Dumbo me lo había avisado, y ayer volvió para recordármelo. El carcelero anda suelto.

Tener que salir de casa. Inmovilidad. Pajarillo. Acurrucarme, moverme menos. Cero esfuerzo. El movimiento activa el dolor. Parálisis. En casa no. Pincha. ¿Qué hacer en casa? No soporto más estar por mi cuenta; estar con otros es peor. No sé estar. ¿Quién, además de no consumir gluten, iba a acariciar un erizo deforme? No me alcanza nadie. No pienso entregar el poder de hacerme feliz. Es de Ella. Mis rodillas frente a mis pechos, la columna cóncava, los pies más allá de la anchura de mis caderas, hacia dentro. Los pies de una abuelita. Me abrazo las piernas, cierro mi sistema en forma de huevo. En casa no, fuera tampoco. Negación de impulsos y afectos. Reducirme a un punto.

Anne Ancelin Schützenberger acuñó el término *transgeneracional* para referirse a aquello que arrastramos inconscientemente de nuestros antepasados. Las muertes abruptas de hasta cuatro generaciones anteriores resuenan en sus descendientes, por insólito que pueda parecerle a nuestra mentalidad merluza. De hecho, la mayoría de criaturas vienen a sustituir algún difunto no cicatrizado —creyéndose dueñas de sus actos, en realidad no hacen más que tributarle al camino que su antecesor dejó a medias, convirtiéndose así en lo que Salomon Sellam más tarde denominó figuras "yacientes" de un sistema familiar. Si estos yacientes toman consciencia de su condición y retoman su vida propia, lo habitual es que el resto del clan se rebele, con acusaciones más o menos directas por haber traicionado el intento tan tácito como torpe de resolución del drama.

Escribo para no parir a mi madre.

¿O a quién? ¿A mis abuelos, muertos ambos de infartos? ¿A mis tatarabuelos? No lo sé. Escribo para parir a un hijo libre.

De más a menos barata:
— Ayuno intermitente.
— Sudoración.
— Limpieza nasal con agua salina.
— Quelación de metales pesados con rabanito, practicable como máximo siete días por trimestre: lavar el rabanito con agua ardiente, rayarlo con su piel hasta colmar una cucharada sopera, mezclarlo con agua templada y beber la mezcla al momento en ayunas (la damiana macerada, en infusión o en tintura también tiene efecto quelante).
— Baños hebdomadarios de entre uno y dos kilos de sal o de bicarbonato sin aluminio por bañera, o en un tanque de flotación con sales de Epsom. Ojo a no limpiar la bañera con productos tóxicos que puedan penetrar al torrente sanguíneo sino con vinagre o agua oxigenada.
— Arcillas zeolita y bentonita diluidas en medio litro de agua en ayunas.
— Sauna de infrarrojos.
— Dejar de leer.

La puta mierda. He vuelto a perder el oremus. Quiero desaparecer, mudarme a una ecoaldea y criar hijas sola. No me cae bien ninguna de las personas que conozco. Hace días que no escribo o solo escribo mierda. Tengo sueño. Me doy mucho asco. Esta barriga aniñada, este cuerpo blando, esta incapacidad para relacionarme. No crezco y tengo canas. Única manera de evitar los peligros: redactarlos.

Un plato de puré de calabaza con parmesano. Una bolsa de patatas chips. Una cerveza. Una tarta de queso entera que compré envasada sabiendo que llegaría este momento. Tostadas con crema de castañas y un bol de palomitas sabor mantequilla. Antes de acostarme quiero más. Unto más crema en más tostadas. No me lavo los dientes ni la cara. El colchón es ahora un estable que huele a grasa y a sal. Me despierto de madrugada con reflujo. El sentido del vivir: ¡me lo como!

Conservo ese botecito de purpurina turquesa. A lo largo de dos décadas lo he racionado al milímetro sin llegar a gastarlo; está petrificado pero aún brilla. Sigue oliendo como el primer día, a maquillaje cutre del bazar más cercano. Es mi magdalena.

Además del evitativo y el ansioso, existen dos otros estilos de apego. Por un lado, el llamado apego seguro: el que se da en un adulto que ha crecido sintiéndose emocionalmente atendido y que por consiguiente navega la intimidad con gusto; por el otro, el apego desorganizado, que tiene lugar en individuos con dificultades madurativas debido a ambientes familiares hostiles, con violencia doméstica o sexual, drogadicción o enfermedades psiquiátricas. En este caso los surcos neuronales de estrés frente al vínculo quedan tan pronunciados desde las etapas tempranas de desarrollo que las décadas venideras resultan insuficientes para regular dicho caos sináptico-hormonal fundacional. Se entra en una espiral de repetición inconsciente de la herida porque es lo único que el niño valida como posibilidad de conexión con lo materno.

A ojos de un niño, sus padres son infalibles bajo cualquier circunstancia, porque lo contrario implicaría la posibilidad de no sobrevivir. El niño es egocéntrico por naturaleza porque todavía no ha vivido lo suficiente como para desarrollar límites firmes de identidad: el niño asume que él tiene la culpa. Así, a medida que crece, siente la compulsión por la autodestrucción para corroborarse como defectuoso. Comida, alcohol, tabaco, fármacos, sexo y consumo serán sus anzuelos más corrientes, ídolos de una cultura que se cree atea.

SUSTANCIAS POTENCIALMENTE CANCERÍGENAS

—Lecheenpolvolechedevacaglutenazúcaryderi-
vadosfrutaharinasylevaduraschampiñonessihayso-
brecrecimientodecándidasuotroshongosolevaduras-
solanáceasverdurasfueradetemporadaglutamato-
monosódicoaceitesdegirasoldemaízdenabinadecual-
quiertipotabacomarihuanahachíshumosengeneral-
contaminaciónelectromagnéticatejidosderivados-
delpetróleoespecialmentesiseusanalhacerdeporte-
losenvasesdeplásticolasbolsitasdetélasbayetasyto-
doslosutensiliosdemicrofibralosmicroplásticoslos-
vertederosquecontaminanlasaguasylossuelosdon-
decrecenlashortalizasdesmineralizadaslascremasso-
lareslaluzazullapinturadelasparedeslossofáslasilico-
naelamiantolasgeopatíaslascorrientesdetodoslospo-
liésteresyderivadosdelpetróleoglicolesparabenesper-
fumesformolescolorantescosméticosaluminiotriclo-
sánparafinaftalatossiloxanoslimpiadoresneurotóxi-
cossuavizantesderopalejíaamoniacocloroformaldeé-
hídofosfatostensioactivosendulzantesfármacosyp-
sicofármacosprotectoresestomacaleslamiradaque-
elespejomedevuelveelmiedoalcáncerlospoemasde-
MariaMercèMarçal.

Abro la boca. Estoy en conmoción: no tengo energía ni para imaginar. Llevo veinte años en el mismo sitio. Voy a sacarme el anzuelo de la garganta. He logrado forzarme a comer lo estrictamente correcto en las horas estrictamente correctas, y sigo tristísima. No estoy viva más que con las palabras. El resto, no me interesa. Me he fosilizado con el odio. Todo me cansa sin Ella, subir escaleras me cuesta, cocinar me cuesta, ver a amigas tener hijos me cuesta. ¿Contra quién o contra qué dirigir esta incandescencia si ya no está su cuerpo?

SOSPECHOSOS

1. ~~Federico, tío paterno I~~
2. ~~Carmen, mujer de Federico~~
3. ~~David, tío paterno II~~
4. ~~Teresa, tía materna I~~
5. ~~Jaime, tío materno II~~
6. ~~Los oncólogos~~
7. ~~Mercedes, abuela paterna~~
8. ~~Paquita, abuela materna~~
9. ~~Josefina, directora del colegio~~
10. ~~Isabel, profesora de primaria~~
11. ~~Sandrine, profesora de infantil~~
12. ~~Lidia, vecina~~
13. ~~Carmen, ex-vecina~~
14. ~~Xavi, primo paterno I~~
15. ~~Aitor, primo paterno II~~
16. ~~Jaume, primo materno~~
17. ~~Figurantes~~
18. ~~Eduard, pediatra~~
19. ~~Javier, gestor~~
20. ~~Pepe, novio I~~
21. ~~La señora de la sala de espera~~
22. ~~El taxista~~
23. Los retretes
24. ~~Verónica, canguro I~~

25. ~~Laura, canguro II~~
26. ~~Laura, canguro III~~
27. ~~Carlos, compañero de clase~~
28. Su abrigo negro
29. ~~Cristina, panadera~~
30. ~~Cris, hija de la panadera~~
31. ~~Telescopio, mascota I~~
32. El maletín
33. ~~Elfi, mascota II~~
34. ~~Las palomas~~
35. ~~Los cocineros del hospital~~
36. ~~Las arañas~~
37. ~~Javi, monitor de comedor~~
38. Los hidratos de carbono, incluida la fructosa
39. ~~Paula, compañera de clase~~
40. ~~Marta, compañera de clase~~
41. Su espejo de mano
42. Su pelota de espuma
43. Los peluches
44. ~~El ángel de la guarda~~
45. ~~Las niñas con madre~~
46. ~~Roland Barthes~~
47. El vademécum
48. Las grietas
49. ~~Dumbo~~
50. El Papa
51. La nueva novia del Papa

Escribir es operarme de cataratas.

Un barco me araña el esternón. Sus mástiles me atraviesan la pleura. Espinas de lenguado forman un nido en mi plexo: tanto quiero criar, tanto me desgarro.

Según la medicina tradicional china la energía vital se almacena en los riñones. Nacemos con una cantidad determinada de ella que no se repone. En esto influye la intención con la que nuestros progenitores nos engendraron durante el coito. La hora correspondiente al mayor rendimiento de estos órganos es de tres a cinco de la tarde —hora solar, a ajustar según ubicación geográfica.

Sirvo un refresco de Coca-Cola a un niño de la mesa del fondo. Me imagino la complejidad de la maternidad; aun así, estamparía sartenes en el cráneo de tanta familia inútil. Coca-Cola jamás, por el amor de Dios, por el bien de la eficacia digestiva del muchacho y de sus consecuentes niveles de serotonina.

Riñones drenados como trapos. Esponjas desmenuzadas.

RECUERDOS

He reorganizado la lista de recuerdos. Me he dado cuenta de que, siguiendo la lógica de la fecha del accidente de la Mama, no estaban en orden. Propongo ahora:

— Faldas y pendientes largos.
— Telescopio.
— La siesta.
— Las albóndigas.
— Bañarnos.
— Dumbo.
— Carnaval.
— El estanque.
— El cojín.
— El sofá.
— La purpurina.
— El hermanito.
— El taxi.
— Los dibujos.
— Las coletas.
— Primaria.
— La mosca.
— Los sueños.

Ahora vendemos también *kombucha* en la cafetería. La sirvo a menudo, reprimiéndome ante la urgencia de advertir a los clientes: ¿queréis aún más combustible para el caos de vuestros estómagos, de vuestras mitocondrias? Me cuesta de veras no creer que alguien quiere mantenernos enfermos a toda costa, incluso a través de lo que se nos vende como medicinal. No todos disfrutan del refresco este, a pesar de la mercadotecnia y del azúcar añadido. Tiene un sabor amargo intenso, como todo lo que putrefacta. Paladares estúpidos malacostumbrados a la gaseosa vuelven a mí para pedirme un vaso de agua que les aclare la sapidez. Se la sirvo del grifo, cargada de cloro y metales pesados, por ignorantes.

COMPOSICIÓN BIOQUÍMICA DEL TUMOR

— Lluvia ácida.
— Materia fecal.
— Células neoplásicas.
— Estroma reactivo.
— Tejido conjuntivo.
— Vasos sanguíneos.
— Macrófagos.
— Linfocitos.
— Dientes.
— Humo.
— Ventosas.
— Tentáculos.
— Azúcar.
— Sueño.

Las tiraste. Tiraste las enciclopedias de medicina de la Mama sin preguntarme si me importaban. Eran mis dólmenes. Tú, tú otra vez. No quiero otro culpable. Voy a por ti.

Una solución —si no la única— es que me nazcan dos brazos más que se ocupen de sujetarme la columna. Elongar estas extremidades bajo mis omóplatos con la misma fuerza con la que, sin escapatoria, necesito para desovarme yo a mí —Marion Woodman cuenta que hay que alumbrarse a una misma para abandonar el hogar; si ella lo dice, la creo.

Observo la cualidad camaleónica de lo que llamamos "comida": en su mayor parte venenos socialmente aceptados, se refiere a aquello que puede ser ingerido sin causar la muerte de manera inmediata. Pero comida difiere de nutrición. Llamamos "comida" a lo que masticamos y acto seguido tragamos; sería más apropiado denominarlo "cemento". Nos brinda compañía, entretenimiento, escucha, incondicionalidad, hasta un abrazo. La comida es el centro, germen de todo: la teta, la regulación hormonal y nerviosa, la seguridad, la abundancia, la intimidad, la familia, la pareja, la temperatura habitable, la correspondencia, la alegría. La comida es la madre. ¿Entiendes? No, no lo entiendes.

Miro el móvil: nadie ha contestado mis WhatsApps. Absorbo un cruasán tras otro. Me dan asco, gracias a Dios que logré dejar el tabaco. Hice un ritual de psicomagia. Lié y encendí mi último cigarrillo y lo observé consumirse en un cuenco de barro que había forjado con mis propias manos. Enciendo la pantalla: sin notificaciones. Guardé las cenizas y las lancé al agua negra del puerto. De vuelta a casa, me bauticé con gaseosa y me acosté. Funcionó. Desde entonces no me ha vuelto a apetecer el humo, incluso me molesta. Me acompañó durante una década en el bolsillo, sin juzgarme (a todos los fumadores del mundo, excepto a los chamanes, les faltó tiempo de lactancia).

Mi cuerpo es una aleta de tiburón moribundo. Se deshace, desaparece al abrirse paso. Ligamentos hipermóviles, articulaciones inestables, peso pluma, pecho y pelvis momificadas. Todavía sin respuestas.

Me destrozo la poca microbiota que ha sobrevivido al estrés. Me tiro pedos y cago pastoso. No tengo hambre. Como por aburrimiento. Me sienta mal, y no paro. Mañana despertaré sin haber digerido lo de hoy y seguiré manducando cruasanes. Mi estómago es la cremallera de una maleta que no cierra. Voy al baño con esfuerzo. No suelo sentirme limpia. Tampoco engordo. Mis intestinos me repugnan.

En Instagram nadie ha publicado nada nuevo. Me aburro. Comería otros diez cruasanes. Hay un WhatsApp pero es de mi tía. No me interesa. Buenas noches con emoticonos. No quiero un buenas noches. No existen cruasanes suficientes en el planeta.

Ni un puto WhatsApp. No os enteráis de nada. No he decidido escribir.

Tenía el pelo castaño oscuro o negro. Jugábamos a acariciarnos las patillas, las llamábamos —no me acuerdo. ¿Pelusito? Era nuestra palabra. Yo le enredaba con mi dedo índice los pelos que le sobresalían por debajo del pañuelo. En varios álbumes de fotos aparece de joven luciendo una melena lisa y sensual. Diría que la forma de sus uñas era ovalada y cóncava. Si cierro los ojos, veo sus largas falanges de terciopelo.

Si tiras de todos los cordones umbilicales, ¿a dónde llegas?

La vergüenza que me da pedir más de un bocadillo —pediría otros tres, y la bandeja de cruasanes de chocolate— me impele a cambiarme de cafetería. Pago casi lo mismo de alquiler que de desayunos, cosa que engorda el bochorno.

Todo mi dolor —todo el dolor del mundo—, el mundo no lo oye. ¿Escribo por eso? Sí. Según el psiquiatra Boris Cyrulnik, el impulso creativo nace del sentimiento de impotencia, persigue engendrar una realidad alternativa que no cause dolor. En cambio, el cineasta David Lynch declara que uno tiene que estar bien para crear. A mí me parece que escribo para que mi calvario quede enjaulado entre estas hojas, más como un ejercicio de orden que de juego o de terapia, aunque es cierto que la imaginación me atrae bastante menos últimamente. ¿En qué momento me convencí de que el arte promete algo distinto al oficio? La salvación está en el segundo.

Las veces que he comido fuera de casa desde pequeña: en el colegio, en casas ajenas, en restaurantes. ¿Y si esos menús, además de incluir sustancias nocivas, hubieran sido preparados en sartenes de aluminio? Significaría que durante una escolarización de quince años me habría intoxicado a diario. Y después también. Y antes. ¿Me bastará la vida que me queda para recuperarme? ¿Me quedará un tiempo para vivir? Al menos sirviendo cafés no pienso. Nadie se preocupa de que el lavavajillas convencional deja restos de jabón en las cucharillas. Hay que tener mucha fe para tomarse un refrigerio fuera de casa y no sentirse en peligro.

No quiero trascender el ego. Quiero hacerme con uno.

El frío no se va de esta ciudad de polvo. Aunque intento vegetarianizar mi dieta ya me he embuchado un bocadillo de jamón y un cruasán. Me vuelvo a cagar. Por lo menos mis ritmos de evacuación son previsibles: voy al baño por la mañana, poco después de engullir sin sed litro y medio de agua con zeolita y bentonita diluidas. No estoy tan mal, mis ritmos circadianos siguen una lógica. Mis evacuaciones matutinas son mis boyas.

Curso sexto de primaria. Susana, la profesora de catalán, está embarazada. Le pregunto qué se siente.

—Es como tener una mosca dentro de la tripa.

La *kombucha* es una bebida fermentada y, como tal, no aconsejable durante el proceso de rehabilitación digestiva —después sí, siempre que se prepare en casa. Aunque la flora precise de pre y probióticos para su funcionamiento óptimo, con superpoblación de cándidas u otros hongos es preferible evitar todo tipo de fermentados y levaduras, así como de azúcares, incluidos los simples de las frutas.

Por cierto, el tomate no es una verdura sino una fruta. Las frutas crean humedad en el páncreas y reabsorción de toxinas, además de picos de glucosa en sangre. No disponemos de organismos lo suficientemente limpios como para asumir su correcta digestión sin residuos putrefactos. En oposición a las recomendaciones alopáticas, eliminar la fruta de la ingesta habitual —puntual en verano, si se quiere, que es cuando la naturaleza la dispone a nuestro abasto— es un acto de salud.

Antes de empezar el turno de hoy, me preparo un café con leche de almendras. De entre las bebidas vegetales, prefiero las de frutos secos por varios motivos: uno, le ahorran trabajo al hígado, y dos, proporcionan grasas saludables —conviene desacostumbrar al organismo a la metabolización prioritaria de hidratos, macronutriente usurpador de nuestra dieta occidental.

Por enantiodromía, he pasado de verterme mierda azucarada a ceñirme a verduras y proteína de calidad —huevos, pescado salvaje, pollo de pasto y caldo de huesos ecológicos. Desayuno y comida, cena solo si tengo hambre. ¿Empiezo a cuidarme?

Comprar comida: la manera de cuidarme del Papa. Apenas sabía cocinar, ni peinarme, etc. Pesco *Diario de duelo* de Roland Barthes de su estantería. Algunas frases están subrayadas con lápiz, hacia el final:

— "¿Por qué ya no soporto viajar? [...] intento seguir viviendo cotidianamente según sus valores [...] Viajar es separarme de ella, [...] lo más íntimo de lo cotidiano." pág. 200

— "Compartir los *valores* de lo cotidiano silencioso [...] era mi manera [...] de conversar con ella." pág. 202

— "En el fondo el rasgo común de las depresiones, de los momentos en los que *las cosas no van bien* [...] sería esto: que no soporto lo que [...] podría tomar por una *sustitución* de mamá." pág. 203

También una palabra anotada con la caligrafía del Papa: *Dedic*, pág. 142 (no entiendo bien su caligrafía, aunque se parece a la mía). Esto es lo que sé de su dolor. Y que salía al balcón a llorar, de espaldas a la cocina.

Las palabras nos cuidan a los tres: a Roland, al Papa y a mí.

Escribo cada vez menos y con menos ganas. ¡No tengo hambre! El libro se me enquista, está empezando a fermentar (fermentar no es buen augurio, como vocifera el *marketing* de la *kombucha* y demás probióticos). Fermentan los cuerpos inertes al iniciar el proceso de descomposición y reciclaje. Nuestra flora intestinal, con su multiplicidad de microorganismos, es la semilla del retorno a la tierra. A punto de morírseme el libro en las manos. Mi voluntad, excepto para la lectura, es de nada.

Escribir y la Mama: la misma cosa: estar con.

La psiquiatra me ha dicho que no he amado a nadie más aparte de a Ella, a excepción de a Él.

Esta mañana he tomado un vaso de agua con dos cucharadas de sales de Epsom en ayunas. El objetivo es que generen diarrea. He removido bien hasta que las sales se han disuelto y he dejado el vaso reposar por lo menos media hora. Transcurrida, me lo he bebido de un trago. Sabe muy mal y me han entrado arcadas. A las pocas horas, he evacuado varias veces. Es mi purga favorita: de manera práctica y limpia, recorre todo el tracto intestinal, desde la mucosa bucal hasta el ano. Me devuelve una sensación de cierto poder.

Voy a desayunar un puñado de avena que dejé en remojo antes de acostarme. Quisiera calentarlo, pero el microondas es cancerígeno y poner una olla al fuego me abruma. Lo comeré tal cual. Después iré a Viladecans y empaquetaré los VHS que conservamos de la Mama. Los llevaré a digitalizar. Soy una impertinente, repelente, tiquismiquis, reinona, caprichosa, insaciable, maruja, inquisidora, disonante, egocéntrica, parlanchina, cantamañanas, exagerada, pesada, aguafiestas, chillona, llorona, demandante, asquerosa, quejica, maniática, rechistona, perfeccionista, hija de la gran puta que siempre tiene que menear la perdiz. Me odio por pedir lo que necesito, me odio por necesitar. He sobrevivido en la autosuficiencia, acumulando a escondidas pátinas de vergüenza. Necesito esos vídeos, esto no termina si no escucho su voz: dejar al barco cruzar las costillas.

Me doy cuenta de que no me doy cuenta de que me he acostumbrado a vivir de negro. Repelo el placer. No soy feliz. No cumplo la voluntad de la Mama: el colmo.

Isabel, la profesora de primaria me llama al frente de la pizarra. Dice que tengo algo que comunicar al grupo. Los niños me miran. Avanzo por el pasillo de pupitres con un dibujo entre las manos. Plantada en el escenario, lo suelto:

—Mi Mama ha muerto.

Suena la campana y todos se ajetrean para salir a comer. Isabel se acerca, me dice que no era eso lo que tenía que contar. ¿Pero el qué si no? ¿Qué lección? Deslizo el dibujo en mi macuto.

No tengo ganas de escribir, ni de pensar, ni de nada. No sé con qué fuerzas me he metido en la ducha. La cara se me apaga, las ojeras me pesan, los labios se me tuercen. No tengo ni pedos. Desaparezco ante mí misma, y el mundo vuelve a ser un charco de arena movediza. La fuerza del dolor es la curiosidad por describirlo y ponerle un nombre. Hoy la soledad me parece demasiado gruesa, entre mi piel y el aire. Me pica, me pincha, me pocha, me hierve. No quiero nada, ni café. Estoy mareada. ¿Dónde estoy? Unos borrachos vociferan en un banco, unos metros más allá. A veces me sorprende no haber caído en las drogas. Sus alaridos dan asco. Quiero vomitar. ¿Estoy borracha? No, estoy bien. No estoy bien, pero estoy bien. Así resumo el duelo: esta mierda gris en la que ni bien ni mal. Me enfada que Roland Barthes sufriera tanto a sus sesenta y dos años con su madre Henriette. Bebo un poco de agua. Me levanto despacio. No sé a dónde voy. ¿He matado a alguien?

33. Paquita

Para regular el tránsito intestinal, lo que mejor me funciona es desayunar fuera de casa con un café. Baños ajenos, sucios, por lo general sin ventana: espacios de descanso.

CONTRATOS DE VENGANZA CONTRA EL MUNDO

— No enamorarme.

— No tener hijos.

— Ganar poco dinero.

— Gastar todo el dinero que gano.

— Castigarme por divertirme.

— No pedir ayuda.

— Olvidar las cosas que me gustan.

— Convencerme de que seré feliz cuando cumpla con mi deber.

— Cobijarme en la soberbia.

— Compararme a la baja.

— Desentenderme de los vínculos.

— Tomarme muy en serio.

— Mantenerme quieta.

— Estreñirme.

— Lavarle las sábanas al miedo, calzarle pantuflas, encenderle un puro en la boca.

— Odiar al Papa.

He vuelto a reorganizar la lista. Propongo ahora:

1. El cojín.
2. Las albóndigas.
3. Faldas y pendientes largos.
4. Bañarnos.
5. Telescopio.
6. El estanque.
7. Carnaval.
8. La siesta.
9. Dumbo.
10. La purpurina.
11. El sofá.
12. Los dibujos.
13. El hermanito.
14. El taxi.
15. Las coletas.
16. La mosca.
17. Primaria.
18. Los sueños.

Voy tarde. Otro bulto en el suelo: un pájaro caído del nido, que intenta en vano arrancar el vuelo. Una basurera, también huérfana, estoy segura, pasa a mi lado y me habla. Lo van a atropellar. No puedo con estas cosas. Me acerco al animal y le tiendo la mano. Se asusta. Sigo calle abajo.

Convicción absoluta de que las cosas van a ir a peor. No solo a nivel personal, también mundial: hambrunas, búnkers y plagas cada mes que viene. Tengo dinero en efectivo en euros y en francos suizos, filtro para potabilizar el agua, cargadores solares y cajones llenos de latas de sardinas. La vida es una putada, pero me meo encima de pensar en perderla (sensación cotidiana).

Piso esta verdad como a un pez araña a ras de arena.
La espina de su dorso en mi médula.

Quiero que sufráis pero no más que yo, no fuera a ser que dejara de distinguirme.

Recuerdo desdibujado de lo que es estar bien, contenta. Sensación de cuerpo envasado, cubierto de cicatrices por quemaduras. Cría incapaz de esforzarse por una ducha fría. Para dejar de sufrir, sufrir.

—El cojín. La mosca. Las albóndigas. Los dibujos. El estanque. Faldas y pendientes largos. La purpurina. Bañarnos. Telescopio. Primaria. El sofá. Dumbo. La siesta. El hermanito. Las coletas. Carnaval. El taxi.

—Los sueños.

Escribo estirada en la cama, parezco una enferma. La verdad es que la mayor parte del tiempo quiero tenderme sobre una superficie mullida y cálida y cerrar los ojos.

La gente huele en mí la muerte. Amateurs. Cobardes. Merluzos.

¿Qué sabrán ellos?

Fue un lunes de mayo, catorce, a la una de la tarde. Familia y amigos la velaron. A esa hora yo jugaba con Carlos en el patio de arena del colegio.

¿Quién la tocó por última vez? ¿Quién la maquilló? ¿Quién sentenció que seguía muerta dentro del ataúd?

Le habría dicho adiós, subnormales.

He perdido también el consuelo del gluten. Ni siquiera me apetece atiborrarme a bocatas. Me observo visitando cafeterías para llenarme la boca de sándwiches baratos y entiendo que nadie me soporte. En la distancia intuyo sombras de gaviotas y alzo la mirada, algunas flotan bajo las nubes. Habrán cazado peces y me imagino a mí misma viajando en sus picos, en un soplo ficticio de ligereza: bebé Marina aterrizando. Pero la ciudad pesa y desconfío de todos. De los semáforos, de los balcones, de los camareros, de las baldosas. Aquí y allá ojos que me miran, preguntando: ¿por qué Ella? No sabrías qué hacer con la verdad. Deja de entretenerte. Pasa un camión a mi lado. Unos tacones incómodos gotean. Dos hombres se saludan con una carcajada. Los contenedores se vacían y truenan. Un coche frena en seco. Un autobús silba. El metro tiembla por debajo. El sol va y viene. Está aquí, lo noto. Podría ser el pájaro. Dibujo la silueta de su sombra en mi cuaderno de mano y me fundo el sueldo en un enésimo café con leche de vaca, con el asco que me da, pero bah, a estas alturas.

Espero a unos cien metros, desde donde observo el edificio beige rodeado de árboles, areneros y canchas de basquet. En las escuelas no enseñan a no dejar las mochilas en el suelo (los macutos representan a la Madre y por eso hay que depositarlos siempre sobre alguna superficie elevada). Pero esto a la gente ni le va ni le viene. He cagado antes de venir y me entra otro retortijón. Algunos coches merodean. Me acerco a la puerta principal, son las dos y media de una tarde normal. Los giros de la vida ocurren en días normales y es atroz que el mundo siga desayunando tostadas. Imagino que Josefina ya habrá terminado de comer y estará sorbiendo café en su despacho. Me presento por sorpresa. Pico al timbre, la recepcionista me deja pasar. Me recuerda, esboza una sonrisa y sí, todo bien. Que espere un poco aquí sentada. El hall sigue igual —me cago—: paredes de madera, suelo gris. Butacas azules al otro lado del muro donde cuelga un Guernica. Un par de ventanas y fluorescentes. Marina, qué alegría. Me levanto y cruzo la puerta de su despacho. Me pregunta por mi padre, mi trabajo —miento. Aun habiendo pasado quince años en esta escuela, jamás había entrado aquí. Observo: un portalápices, dos cajones con llave en la esquina del fondo, un brillo de labios marrón que le subraya los surcos de la edad. Aprieto el esfínter. Hay notas pegadas en el marco de la pantalla del ordenador con números de teléfono y fechas. Un seis, tres, nueve, martes. Seguimos charlando. El archivador de 2001 no está, ha pasado mucho tiempo. ¿Lo habrán destruido? Suena la campana que indica el fin del recreo. Se dispone a despedirme, me incorporo. Cables de ordenador anudados con una brida negra, tres dibujos de niño en la pared, palmeras al fondo de la ventana. Hago ademán de tendernos la mano, balbuceo adiós, volteo el brazo y le clavo un lápiz en el ojo izquierdo. Otro en el derecho. Son más blandos de lo que esperaba.

Me abre la puerta y le doy un par de besos, una alegría verte, recuerdos a tu padre.

1. El Papa
2. ~~Josefina~~

Los que no conocen el dolor —la mayoría— son débiles. Yo no.

Pero soy más frágil que ellos. Les odio.

Por cada chapuzón de alegría, dos diques de dolor: uno antes y otro después.

— El cabezal. Los dibujos en el sofá de casa. Hadas y pendientes largos. El hermanito de las faldas. El espectáculo en camino. Bañar no. La tele. La purpurina tras la siesta. El regalo en Carnaval. Albóndigas con Dumbo. La mosca en taxi. Secundaria. Estanco. Las coletas y el cojín.

— Los sueños.

¿Es el deseo de ser mamá un fantasma de salvación?

¿En qué contenedor desecharon su teta? ¿Dónde van los residuos extirpados? ¿Y por qué no supe hasta veinte años después que reposé mi cabeza en sus últimos abrazos sobre un sujetador relleno de espuma?

No lo entiendo. ¿Cómo puede la gente merendar y apenas dos horas después tener hambre de nuevo para cenar? Mi estómago va camino de reducirse a un milímetro cúbico. Unas migas me empachan, sin embargo podría vomitar siglos: de vuelta al presente, atravesarían mis intestinos pirámides, caballos y baldosas medievales. Pido un café con leche de avena en un bar para guiris. Tampoco entiendo cómo la providencia tolera la existencia de tal cantidad de personas tontas, inútiles, a medias. Menudo plan divino de mierda. Tengo hora para hacerme una mamografía a las diez, dentro de veintiún minutos. A los once años tuve una mastitis: el pezón enrojeció con una aureola que parecía el rastro de la succión de una trucha gorda. La inflamación produce la pérdida pero también la curación, es decir: para curar nos inflamamos. Fue muy incómoda la visita al pediatra, que palpó mi teta incipiente: era un hombre joven de unos treinta, y hermoso, con los antebrazos tostados y el vello claro. El Papa observaba desde lejos, de pie junto a la puerta, royéndose las uñas a la espera de una solución con números.

Entro a la consulta.

Me gobiernan unas tenazas.

El amor de la Mama: una cerilla. La almendra amarga.

MAMA[2]:
— Amor.
— Cerilla.
— Almendra.
— Amargor.

---

2 Te dejo espacio entre estas páginas, por si vuelves.

En *Ensayos sobre el útero*, de María Jesús Blázquez, Ana Cachafeiro y Casilda Rodrigáñez, encuentro: "La palabra más antigua que designa libertad es *amargi*, expresión sumeria que significa *retorno a la madre*."

Hay esfuerzo en escribir, un esfuerzo por trocear el mundo y digerirlo en frases, con su promesa de que servirá para entenderlo. Asimismo, una vez metabolizadas, las palabras funcionan como aminoácidos: pequeñas cápsulas de energía esenciales para el sistema.

Entonces, ¿liberarse es fundirse?

Este es un libro gordo para compensar delgadeces.
También un chaleco antibalas. También un desplome.

¿La tiraron al mar? Y entonces:

LOS 33 NOMBRES DE LA MADRE

1. Un pájaro en las manos
2. Agua hirviendo
3. Barro
4. Dedos más largos que los míos
5. Bucear en la bañera
6. Tronco
7. Piojos sobre una toalla blanca
8. Sacarse un tampón
9. Lana
10. Ropa limpia
11. Jazmín
12. Faldas largas
13. Uñas en remojo
14. Depilarse en el balcón
15. Este sol de domingo
16. Regazo
17. Besar la frente febril
18. Lumbago
19. Rizar este mechón con el índice
20. Mamar
21. Levadura
22. Que no termine esta ducha caliente

23. Acariciar las orejas de un conejo
24. Un susurro
25. Un pañuelo
26. Un valle
27. Las manos huecas
28. Harina en el belén como nieve
29. Pan en remojo para los camellos
30. Dormir
31. Parir
32. La muerte en un grito

33. Marina